Hermann Multhaupt

# Die Geschichte
# der Herrnhuter Brüdergemeine

## Denn vorwärts, vorwärts, nie zurück

Manuela Kinzel Verlag

Impressum:

Manuela Kinzel Verlag
73037 Göppingen
Tel. 07165 / 929 399

info@manuela-kinzel-verlag.de
www.manuela-kinzel-verlag.de

Umschlagbild: „Herrenhut", Lithografie, Göttingen
bey Wiederhold, Antiquariat Kümmerle Göppingen

1. Auflage
Manuela Kinzel Verlag

ISBN 978-3-95544-183-8

## Vorwort

Wer „Herrnhut" hört, denkt zunächst an den „Herrnhuter Weihnachtsstern" und die von den Herrnhutern seit bald 300 Jahren herausgegebenen „Losungen". Aber diese kleine evangelische Freikirche ist viel mehr! Das zeigt sich auch an der gleichzeitig mit der Publikation erfolgten überraschenden Ernennung der Herrnhuter Siedlungen (u.a. in Herrnhut/Sachsen und Königsfeld im Schwarzwald) zum Weltkulturerbe! Der kleine Band von Hermann Multhaupt will kein wissenschaftliches Werk sein. Vielmehr ist es eine gut lesbare Nacherzählung der Herrnhuter Bewegung mit ihrer bemerkenswerten Entstehungsgeschichte um Graf Zinzendorf. Freilich gibt es andere umfangreiche und detaillierte Veröffentlichungen zur Herrnhuter Geschichte – etwa die beiden Bände der US-Amerikaner J. Taylor und Kenneth G. Hamilton aus dem Jahr 2003. Mutig und richtig überschreibt der Autor seine Arbeit mit dem kämpferischen „Vorwärts" der Herrnhuter, das auch für die politische Szene des 19. Jahrhunderts bezeichnend war. Damit deutet sich die weltweite und gesellschaftlich orientierte Arbeit der Brüdergemeine an, die sich bis heute in kultureller und sprachlicher Gewandtheit entfaltet. Die Erzählung von Hermann Multhaupt trägt dazu bei – auch zum Respekt vor der langen Geschichte und der eigenwilligen Frömmigkeit der Herrnhuter, die sich bis heute u.a. am Liedgut und an der Gottesdienstform sowie an den globalen Beziehungen zeigt.

Es ist vorbildlich und anerkennenswert, dass ein im Landkreis Göppingen ansässiger Verlag sich dieser

Publikation angenommen hat, so dass die Verbindung zwischen Bad Boll und Herrnhut gut zum Ausdruck kommen kann: Denn seit 1922 sind die Herrnhuter in Bad Boll nicht nur ansässig, sondern auch in ökumenischer Gemeinschaft aktiv.

Möge das Büchlein dem Verständnis der Herrnhuter Brüdergemeine und der Weitsicht des christlichen Glaubens dienen.

Bad Boll, im August 2024

Christian Buchholz
Schuldekan i.R. und Mitglied im Vorstand der
Blumhardt-Sozietät/Bad Boll

Es war gegen Mitternacht kurz vor dem Weihnachtsfest, als das Tor des Gutes Berthelsdorf in der Oberlausitz unter den Schlägen einer kräftigen Faust erzitterte. Der Beschließer in der angrenzenden Turmwohnung vertauschte das Nachthemd schnell mit seiner Alltagskleidung, zündete eine Stalllaterne an und eilte ans Tor. Zur Vorsicht pfiff er nach seinem Hund Timo, denn man wusste nie, wer nachts so ungestüm Einlass begehrte. Timo rannte seinem Herrn bellend voraus und sprang gegen das kräftige Eichenholz an, das als Riegel den Eingang sicherte.

Draußen stand eine Gruppe erschöpfter Menschen, Männer und Frauen mit ihren Kindern. Das jüngste wurde von seiner Mutter in einem Tuch vor der Brust getragen. Noch bevor einer der Männer seinen Wunsch vortragen konnte, herrschte der Beschließer sie an: „Was treibt euch in der Nacht hierher? Könnt ihr euer Anliegen nicht bei Tageslicht vortragen?" Doch dann bemerkte er, dass keine Bewohner aus der Nachbarschaft vor ihm standen, sondern Flüchtlinge in zerrissener Kleidung und abgewetzten Schuhen. Ein magerer Esel trug die Habseligkeiten in zwei Wäschekörben, die zu beiden Seiten des Schulterkreuzes befestigt waren.

„Woher kommt ihr?", fragte der Beschließer halbwegs versöhnt. „Ihr seid nicht aus unseren Dörfern, oder?"

„Nein, einige kommen aus Böhmen. Diese Leute dort stammen aus Mähren."

Der Beschließer wusste, dass es jenseits der Grenzen zu konfessionellen Verfolgungen gekommen war. Die protestantischen Gemeinden im Reich der Habsburger litten unter der Gegenreformation, die die alten religiösen Verhältnisse wieder herstellen wollte. Wer sich nicht fügte, musste mit Repressalien rechnen und notfalls das Land verlassen.

„Kommt herein", sagte der Beschließer und trat zur Seite. „Ich darf euch dem Grafen um diese Zeit nicht melden, doch bis morgen kann ich euch in der Scheune neben dem Brunnenhaus unterbringen. Dann wird der Herr entscheiden, was mit euch geschehen soll. Die Küche ist verwaist, der Herd kalt. Ich kann euch um diese Zeit nichts Warmes anbieten. Ein paar Brote und ein Schinkenstück werde ich euch herausreichen. Geht also in die Scheune. Das Heu ist warm, ihr werdet nicht frieren."

Die Menschen dankten es ihm, während der Beschließer das Scheunentor öffnete und die Gruppe einließ.

Die Geräusche im Hof waren bis in die Herrschaftsräume des Gutes vorgedrungen. Nikolaus Ludwig Graf von Zinzendorf und Pottendorf hatte, wie jeden Abend, in der Bibel gelesen und sich ein paar Notizen zu einem neuen Kirchenlied gemacht, von denen er bereits über hundert verfasst hatte, als er auf die Unruhe im Gutshof aufmerksam wurde. Er erhob sich von seinem Schreibtisch und schob die Vorhänge am Fenster zur Seite. Der Wintersturm wirbelte einen Haufen Schnee über den Boden, jenseits der Hofmauer neigten sich die Tannen unter seiner Last. Der Graf erkannte ein paar dunkle Gestalten und mittendrin seinen Beschließer mit der Stalllaterne. ‚Späte Gäste‘, dachte der Hausherr, ‚aber woher kommen sie?‘ Zinzendorf war ein frommer Mann, der nicht nur in der Bibel las, sondern ihre Botschaft auch umzusetzen versuchte. Litt jemand Not, und die Leute im Hof schienen diesen Eindruck zu vermitteln, so schritt er ein. Er schlüpfte in die Pelzjacke, denn es war hundekalt, griff zu einem Licht und ging hinaus.

„Haberschütz!", rief er von der Treppe in das wieder auflebende Schneetreiben, „was geht hier vor?"

Der Beschließer eilte herbei. „Es sind Flüchtlinge, Herr Graf, Glaubensflüchtlinge, Nachfahren der alten Böhmischen Brüder."

„So? Und du willst sie in der Scheune einquartieren?"

„Bis morgen, dachte ich, Herr. Bis der Herr Graf entscheidet, was mit ihnen geschehen soll."

„Sie sollen in die Küche gehen. Weck den Koch und die Küchenmagd, sie sollen anheizen und eine warme Mahlzeit vorbereiten. Hast du nie von den Werken der Barmherzigkeit gehört, Haberschütz?"

Der Beschließer beeilte sich, den Anordnungen seines Herrn Folge zu leisten. Während sich die Menschen in der Küche auf den wenigen Sitzmöglichkeiten an den Wänden niederließen oder auf dem Boden verteilten, kam die Magd mit einem Armvoll Holz herein und der gähnende Koch eilte zum Brunnen, um den größten Topf mit Wasser zu füllen. Bald prasselte das Feuer unter dem Rauchfang und die Wärme breitete sich wie ein satter Luftzug im Frühling aus.

Zinzendorf hatte sich zu dem Mann gesetzt, der die Führung der Vertriebenen zu haben schien und die Gruppe hergeleitet hatte. Nachdem er dessen überschwängliche Dankesworte mit einem leisen Hinweis, er tue nur seine Christenpflicht, unterbrochen hatte, fragte er nach den Umständen der Flucht.

„Wir sind seit einigen Wochen unterwegs", bekam er zu hören. „Mit den Frauen und den Kindern geht es nicht so schnell, erst recht nicht in den Bergen. Dazu die Schneemassen, die das Gehen erschweren. Aber wir sind nicht die einzigen, die von Mähren kommend auf der Flucht sind. Es gibt viele Gruppen. Hätten wir nicht den Esel, der seine Schritte sehr vorsichtig setzt, wäre wahrscheinlich mancher von uns abgestürzt. – Ach Gott, der Esel, der steht ja wie ein Denkmal im Hof und lässt sich einschneien!", fügte der Mann erschrocken hinzu.

„Das wird Haberschütz, mein Beschließer, ändern. Das arme Tier soll es im Stall warm haben und auch sein Futter bekommen."

Der Graf gab den entsprechenden Auftrag und kümmerte sich dann um die Mahlzeiten für die Flüchtlinge.

„Morgen sehen wir weiter. Dann werden wir überlegen, wie ich euch helfen kann. Alle kann ich auf meinem Gut nicht gebrauchen. Aber ihr müsst ein Auskommen haben. Betet, damit mir eine gute Lösung einfällt."

Nachdem er mit dem Beschließer, dem Koch und der Küchenmagd die Unterbringung der Gäste geregelt hatte, zog sich Zinzendorf in sein Arbeitszimmer zurück. Es ging auf zwei Uhr in der Nacht zu, es schneite noch immer, in den Ecken des Hofes türmte sich die weiße Pracht. An Schlaf war jetzt nicht zu denken. Die Glaubensflüchtlinge stellten den Grafen vor neue Herausforderungen. Er zog eines seiner zahlreichen Gebetbücher aus dem Regal und vertiefte sich in einen Text des Bischofs Augustinus von Hippo, der im 4. Jahrhundert lebte.

*„Gott, dein Segen*
*und deine Nähe seien mit uns.*
*Wache du, unser Gott, mit denen,*
*die wachen oder weinen in dieser Nacht.*
*Hüte deine Kranken*
*und lass deine Müden ruhen.*
*Segne deine Sterbenden,*
*tröste deine Leidenden,*
*erbarme dich deiner Betrübten*

*und sei mit deinen Fröhlichen.*
*So segne du jeden Einzelnen,*
*wie er es braucht."*

Die Habsburger hatten nach 1600 damit angefangen, überall im Land, in Wien und den landesfürstlichen Städten, eine regelrechte Klosteroffensive zu beginnen. Im ganzen Reich erhoben sich mit der Zeit neue Klöster. Ein flächendeckendes Netzwerk katholischer Frömmigkeit spann sich über das Land; Klöster, Wallfahrtsorte und Denkmäler katholischer Frömmigkeit entstanden allenthalben. Ziel war die Rückkehr der Menschen zur katholischen Kirche als Teil der Gegenreformation. Die verstärkte Seelsorge war die eine Seite der Medaille, Terror und Gewalt die andere. Die habsburgische Staatsmacht wandte sich konsequent gegen protestantische kirchliche Strukturen und verfolgte nicht katholische Christen unerbittlich. Zwar sollte Zinzendorf in einem persönlichen Gespräch Kaiser Karl VI. in Prag um Toleranz für die verfolgten Protestanten in den habsburgischen Ländern bitten, doch Kaiserin Maria Theresia hielt die Rücksichtnahme gegenüber anderen Konfessionen noch für „höchst gefährlich" und ließ geheime Anhänger verfolgen. In einigen Alpentälern der Steiermark, Kärntens und Oberösterreichs hatte sich der Protestantismus noch im Geheimen halten können, ebenso im Osten von Böhmen und Mähren. Ein offenes Bekenntnis zu ihrer Konfession war unmöglich. Die österreichische Monarchin erkannte allerdings, dass, wenn sie finanzkräftige Protestanten abschieben ließ, auch deren Fachkenntnisse und Kaufkraft verloren ging, und so duldete sie sie in Ungarn und anderen Gebietes des Reiches, ohne dass ihre Konfession toleriert wurde. Erst unter Joseph II. sollte sich die Lage ändern.

Der erste Hahnenschrei ließ Ludwig Graf Zinzendorf am Schreibtisch hochfahren. Er war über dem Beten eingeschlafen. Die Kerze war heruntergebrannt und flackerte in den letzten Zügen. In der Küche regte sich das Leben. Er hörte Geschirr klappern und dumpfes Reden. Zinzendorf ging in sein Schlafgemach hinüber und steckte den Kopf in die Waschschüssel. Dann langte er nach der Perücke.

Auf dem Flur zu den Wirtschaftsräumen trat ihm der Anführer der Glaubensflüchtlinge entgegen. „Wir sind Euch zu großem Dank verpflichtet, hoher Herr. Hätten wir Euer Gut nicht rechtzeitig entdeckt, wer weiß, wie es uns in der kalten Nacht ergangen wäre."

„Wer den Wegen des Herrn vertraut, kann nicht in die Irre gehen", erwiderte Zinzendorf. Jeder im Haus wusste, dass er ein frommer Mann war. „Eures Glaubens wegen seid ihr auf der Flucht. Wer nimmt solche Strapazen freiwillig auf sich? Ihr hättet die Konfession wechseln können und nichts wäre euch geschehen. Ihr habt es nicht getan und dadurch viel Unbill auf euch geladen. Was in meiner Macht steht, will ich für euch tun. Ich habe einen Plan. Nehmt die Morgenmahlzeit ein und kommt dann mit drei, vier Vertretern eurer Gruppe zu mir herauf in mein Arbeitszimmer, damit ich ihn euch unterbreiten kann."

Die Flüchtlinge schöpften wieder Hoffnung, nachdem sie die Gastfreundschaft genossen und die feuchten Kleider getrocknet hatten und nun im Warmen saßen. Die Kinder tobten zwischenzeitlich im Hof herum, fütterten den Esel mit Möhren und rutschten auf einer alten, ausgehängten Tür des Schuppens einen kleinen beschneiten Hang hinab.

Als sich die Männer im Arbeitszimmer des Grafen versammelten, trug Zinzendorf für alle sichtbar den Senfkorn-Orden. Der Graf hatte ihn Anfang des 18. Jahrhunderts als Zeichen der Verbindung der Menschen mit Gott und dem Erlöser sowie als Merkmal gemeinschaftlicher Zusammengehörigkeit mit verschiedenen Symbolen untereinander gestiftet. Mit dem Senfkorn berief er sich auf ein Gleichnis Jesu, der das Himmelreich einmal mit einem Senfkorn verglichen hatte, das ein Mann auf seinen Acker säte. Obwohl es das Kleinste von allen Samenkörnern sei, wachse es zu einem Baum heran, der alle anderen Gewächse überrage und in dessen Zweige sich die Vögel des Himmels niederlassen könnten. Auch das Reich Gottes erscheine zunächst klein und unscheinbar, doch wachse es immer weiter, bis es groß und nicht mehr übersehbar sei.

Zinzendorf bat die Delegation Platz zu nehmen. Das Arbeitszimmer war geräumig, mit alten geschnitzten Möbeln und zahlreichen Folianten bestückt. Von den Wänden grüßten die Porträts der Vorfahren in der Mode ihrer Zeit. Manche Gesichter sahen ernst und verkniffen aus, andere erstrahlten in Offenheit und Lebensfreude.

„Kommen wir zur Sache!", rief der Graf. Dann faltete er die Hände und sprach ein Gebet, das allen wie aus dem Herzen kam.

*„Jesu, geh voran*
*auf der Lebensbahn!*
*Und wir wollen nicht verweilen,*
*dir getreulich nachzueilen;*
*führ uns an der Hand*
*bis ins Vaterland.*

*Soll's uns hart ergehn,*
*lass uns feste stehn*
*und auch in den schwersten Tagen*
*niemals über Lasten klagen;*
*denn durch Trübsal hier*
*geht der Weg zu dir.*

*Rühret eigner Schmerz*
*irgend unser Herz,*
*kümmert uns ein fremdes Leiden,*
*o so gib Geduld zu beiden;*

*richte unsern Sinn*
*auf das Ende hin.*

*Ordne unsern Gang,*
*Jesu, lebenslang.*
*Führst du uns durch raue Wege,*
*gib uns auch die nötge Pflege;*
*tu uns nach dem Lauf deine Türe auf.*"

Eine feierliche Stille breitete sich aus. Einer der Herren entsann sich, dass vom Grafen viele Texte im Umlauf waren, Gebete und Kirchenlieder, und dass von ihm auch das Tischgebet: „Komm, Herr Jesus, sei unser Gast, und segne, was du uns bescheret hast" stammte. Das vor der Delegation gesprochene Gebet ging als Kirchenlied, von Adam Drese 1698 vertont, in die Gesangbücher ein. Herzog Wilhelm IV. von Sachsen-Weimar förderte den jungen Komponisten durch eine Ausbildung bei Marco Scacchi in Warschau und stellte ihn ab 1652 als Hofkapellmeister an. Später wirkte er noch in Jena und Arnstadt in gleicher Funktion.

„Wie ich schon sagte, kann ich nicht alle Flüchtlinge bei mir auf dem Gut beschäftigen", begann Zinzendorf. „Aber heute Nacht kam mir der Gedanke: Ich darf euch nicht eurem Schicksal überlassen, zumal noch weitere Glaubensbrüder auf der Flucht vor den Habsburgern sind. Wir werden neue Dörfer gründen, Häuser bauen, in denen alle eine Bleibe finden werden. Für Arbeit werde ich sorgen. Meine Felder und Wälder brauchen Menschen, die sich um die Schöpfung, um die Natur kümmern. Ich hatte schon längst geplant, eine neue Mühle zu bauen, ebenfalls ein neues Wasserschöpfwerk, natürlich auch eine Kirche. Und wenn wir nach neuen Berufen Ausschau halten, so wird uns Gott helfen, sie zu finden. In seinem Namen wollen wir beginnen, in seinem Namen vollenden, was er uns auftragen wird."

Nikolaus Ludwig Reichsgraf von Zinzendorf und Pottendorf war einer der tief religiösen Adeligen. Die Familie gehörte zum europäischen Hochadel und stammte ursprünglich aus Österreich. Kurz nach seiner Geburt im Jahre 1700 starb Nikolaus' Vater, Reichsgraf Georg Ludwig von Zinzendorf und Pottendorf. Seine Mutter Charlotte Justine, geborene Freiin von Gersdorf ging 1704 eine zweite Ehe ein und übersiedelte nach Berlin. Der Junge blieb bei der frommen verwitweten Großmutter, der Landvögtin Henriette Katharina von Gersdorf auf Schloss Großhennersdorf bei Zittau in der Oberlausitz. Sie war eine hochgebildete Frau, sprach fließend Französisch, Italienisch und Latein, konnte Griechisch, Hebräisch, Chaldäisch und Syrisch und las die Bibel in der Ursprache. Mit dem Philosophen Gottfried Wilhelm Leibniz korrespondierte sie in Latein. Sie übernahm die Erziehung und prägte das Lebensbild des jungen Menschen. „Ich habe meine Prinzipien von ihr", bekannte Zinzendorf später. „Wenn sie nicht gewesen wäre, so wäre unsere ganze Sache nicht zustande gekommen." Der kursächsische Hof war nach den Habsburgern der zweitwichtigste in Europa. Hier pflegte die Großmutter Umgang mit bedeutenden Menschen des Pietismus, so etwa mit dem evangelischen Theologen Philipp Jacob Spener und dem Theologen und Kirchenlieddichter August Hermann Francke, dem Hauptvertreter des Halleschen Pietismus.

Der Pietismus wurde zu einer Frömmigkeitsbewegung im deutschen Protestantismus. Oberstes Anliegen war demnach die Förderung von Frömmigkeit. Er hatte zwar auch Folgen für die Theologie und die Diakonie, dennoch war er keine theologische und keine diakonische Bewegung. Sein Name leitet sich von „pietas" her. Das lateinische Wort bedeutet Frömmigkeit. Die ersten Pietisten in den 70er Jahren des 17. Jahrhunderts führten das Wort häufig im Munde und wurden deshalb von Außenstehenden, insbesondere von Kritikern und Gegnern, „Pietisten" genannt oder als solche beschimpft.

Der kleine „Lutz", wie man Zinzendorf nannte, entwickelte eine tiefe kindliche Jesusliebe. Allerdings fragte er sich schon mit acht Jahren, ob Gott überhaupt existiere. Diese Zweifel fochten ihn phasenweise im Leben immer wieder an. Verstandesmäßig konnte er sie nicht lösen, doch er setzte unbeirrbar sein Vertrauen auf Jesus. Seine Mutter veranlasste 1710 seine Ausbildung am Pädagogium Regium in Halle. Die Erzieher beurteilten seinen Charakter zunächst negativ. Zinzendorf selbst fiel die Zeit in Halle nicht leicht, auch wenn er hier viele bedeutende Persönlichkeiten kennenlernte und als Reichsgraf und berühmtester Schüler bei den Mahlzeiten zwischen dem Ehepaar Francke sitzen durfte.

„Warum hat meine Mutter mich hierher gegeben, wo es mir überhaupt nicht gefällt? Mich wundert's, dass man nicht das Lachen verbietet. Alle laufen mit einem sauertöpfischen Gesicht herum, als ob in der nächsten Stunde die Welt zugrunde gehe."

Die ängstliche und strenge Atmosphäre des Hauses belastete ihn. Heinrich Plütschau und Bartholomäus Ziegenbalg, die ersten deutschen evangelischen Missionare, beeindruckten ihn dagegen nachhaltig.

„Was seid ihr für fröhliche und aufmunternde Zeitgenossen? Warum können nicht alle in unserer Gemeinschaft so herzlich sein? Dabei ist doch dort, wo ihr arbeitet, so viel Leid und Elend. Menschen werden nicht einmal satt. Die europäischen Entdecker und Eroberer unterdrücken sie, jagen sie von ihren Feldern oder zwingen sie in die Gold- und Silberminen."

Mit einigen anderen adeligen Jugendlichen gründete Nikolaus Ludwig Anfang des 18. Jahrhunderts eine geistliche Gemeinschaft, den Senfkorn-Orden. Es handelte sich um einen geheimen, mystischreligiösen Orden, der die Menschen mit Gott und dem Erlöser verbinden sollte, und zwar auf der Basis einer vorsichtigen, doch ehrlichen und aufrichtigen Handlungsweise. Allen neuen Lehren und Gebräuchen der Kirche schwor er ab. Ordenszeichen war ein goldener Ring mit der Schrift: „Unser keiner lebet ihm selber" (Niemand lebt für sich allein) und ein Kreuz mit dem Bild eines Senfkorns in der Mitte und der Umschrift „Quod fuit ante nihil". Das Kreuz hing an einer goldenen, halb aus geschlossenen, halb aus offenen Senfkörnern gebildeten Kette, oder an einem grünen Band bei Weltlichen, an einem weißen mit grüner Einfassung bei Geistlichen. Hauptgrundsatz war der gleiche Rang aller Mitglieder, und für den Fall einer Versammlung in der Kapelle der Gnadenstadt sollte ein purpurner Kaftan mit einem Silberkreuz auf dessen rechter Seite als Ordenstracht dienen.

Um ihm die „pietistischen Grimassen" abzugewöhnen, entschied der Vormund, seinen Zögling auf den sächsischen Staatsdienst vorzubereiten und drängte ihn daher zum Jurastudium in Wittenberg. Hier in der Hochburg der lutherischen Orthodoxie bekannte sich der junge Student offen zum Pietismus. Neben dem Studium der Jurisprudenz befasste er sich intensiv mit theologischen Fragen. Im Streit zwischen den Pietisten in Halle und den Lutherisch-Orthodoxen in Wittenberg versuchte er zu vermitteln, doch ohne Erfolg. „Er mutet sich viel zu", meinten die Vorgesetzten, „doch dafür fehlt ihm ein theologisches Grundstudium und der Stand der Auseinandersetzungen mit den religiösen Strömungen der Zeit." Sie veranlassten daraufhin den Abbruch des Studiums und schickten Zinzendorf 1719 auf eine bei Adeligen übliche Bildungsreise.

Sie führte ihn zunächst nach Frankfurt. Die Stadt war der Wohnort seines 1705 verstorbenen Patenonkels Spener. Von hier aus gelangte er nach Düsseldorf, wo ihn ein Passions-Gemälde des italienischen Malers Domenico Feti, der von 1589 bis 1624 lebte, anzog. Der Kommentar zu diesem Bild hieß: „Ego pro te haec passus sum. To vero, quid fecisti pro me? – Ich habe dies für dich gelitten, – was tust du wahrhaftig für mich?"

Eine festere Beziehung zu Jesus war die Folge dieses Erlebnisses. In Utrecht, wo er etwa ein Vierteljahr sein juristisches Studium fortsetzte, lernte der Reichsgraf die Werke des Philosophen und Hugenotten Pierre Bayle kennen, der die Dogmen der katholischen Kirche ablehnte und deshalb fliehen musste. In Paris traf Zinzendorf auf verschiedene christliche Strömungen, die zeigten, dass es in allen Konfessionen Christen gab, die, auf der Bibel gründend, von tiefer Liebe zu Jesus durchdrungen waren und mit denen man in herzlicher Verbundenheit geistliche Gemeinschaft haben konnte. In den Studienjahren und Reisen erschloss sich ihm manche Freundschaft, so auch die mit dem Kardinal Louis-

Antoine de Noailles, Erzbischof von Paris, die ihm entscheidende ökumenische Impulse vermittelte. Die Nähe zu Menschen verschiedener Glaubensrichtungen festigte in Zinzendorf das Bild von der Möglichkeit einer die Konfessionen übergreifenden Einheit unter Christen.

Seit 1721 wirkte er alsbald in der Residenz August des Starken in Dresden als unbezahlter Hof- und Justizrat mit Blick auf ein späteres Regierungsamt. Aber war das eine günstige Voraussetzung, um eine Ehe einzugehen? Ein Jahr darauf heiratete Zinzendorf die Gräfin Erdmuthe Dorothea von Reuß-Ebersdorf aus Thüringen. Seine Meinung über die Verehelichung ist nüchtern und praxisbezogen: Er offenbart ihr, dass er „sich nur nach einer solchen umsehe, die einen Mann haben kann, als hätte sie keinen, und die Jesum Christum über alles liebet".

„Also, heiraten soll ich, mich aber so verhalten, als ob ich keinem Mann angehöre? Was ist das denn für eine Logik? Stattdessen soll Jesus Christus meinen Lebensinhalt bestimmen?" Erdmuthe überlegte lange. Doch dann verstand sie; sie wurde ihrem Gatten eine praktische und kompetente Mitarbeiterin und Hauptstütze der ersten Herrnhuter-Gemeinen. Sie, im selben Jahr 1700 wie ihr Mann geboren, war eine Tochter des Grafen Heinrich X., des Gründers der Linie Reuß-Ebersdorf. Speners Einfluss hatte sich bei ihr wie bei ihrem Bruder Graf Heinrich XXIX. sowie bei ihrer fünf Jahre älteren

Schwester Benigna Marie bemerkbar gemacht. Sie hatte eine strenge Erziehung genossen, sprach alte und neue Sprachen und war von edler Gesinnung, immer zur Entsagung und Aufopferung bereit. Zinzendorf lernte sie bei seinem Freund, dem Grafen Heinrich XXIX., in Ebersdorf kennen und hielt sie für seine religiösen Pläne für geeignet. Die Familie äußerte Bedenken, doch Erdmuthe widerstand allen Hindernissen, arbeitete sich vorbildlich in die Unternehmungen ihres Gatten ein, sodass man sagen kann, dass ihr die Hälfte der von Zinzendorf erworbenen Verdienste um die Verbreitung evangelischer Lebensgewohnheiten zustehe. Das gilt vor allem für die Zeit der elfjährigen Verbannung ihres Mannes aus Sachsen, für seine Missionsreisen innerhalb und außerhalb Europas, während derer er kurz oder länger von Herrnhut abwesend war.

Erdmuthes Schwester Gräfin Benigna Maria von Reuß-Ebersdorf war ihr 1751 im Tod vorausgegangen und in ihrem Wesen und in ihrer christlichen Gesinnung nicht fremd gewesen. Sie lebte unverheiratet in Ebersdorf und wollte sich ihrem Schwager jedoch nicht anschließen, weil sie durch dessen Tätigkeit eine Spaltung in der evangelischen Kirche befürchtete. Nach dem Tod der Eltern zog sie nach Pottiga, unweit von Hirschberg an der oberen Saale in Thüringen. Ihre Kirchenlieder sind denen Zinzendorfs allerdings nicht fremd.

## Komm, Segen aus der Höh

Komm, Segen aus der Höh,
begleite meine Werke.
Gib, Jesu, Wachsamkeit,
dem Geist und Leibe Stärke.
Gehorsam ist so süß;
nur bleibe es dabei,
dass, wenn ich wirken muss,
das Herz doch bei dir sei.

Lass alles freundlich sein,
voll Demut, was ich sage,
es sei groß oder klein;
und dass ich lieber trage,
als meinem Nächsten sei
aus eigner Schuld zur Last,
auf dass du Ruhm dabei
an deinem Kinde hast.

Wo meine Füße gehn,
was meine Händ arbeiten,
da muss ich dich ansehn,
du musst mir sein zur Seiten;
es muss dein guter Geist
mich lehren, was du willst
und wer du bist. Du bleibst
mein Führer und Vorbild.

Nachdem der Reichsgraf von seiner Großmutter das Bauerndorf Berthelsdorf bei Zittau erworben hatte, nahm das junge Ehepaar Nikolaus Ludwig und Erdmuthe Dorothea hier im Schloss seinen Wohnsitz, stellte einen evangelischen Pfarrer für die Kirche an und begann im Juni 1722 mit der Aufnahme von Glaubensflüchtlingen aus Mähren.

Zinzendorf besah sich das Land unterhalb des „Hutberges", des Berges, auf dem Tiere gehütet wurden. Hier würde die Siedlung Herrnhut entstehen, ein Ort „unter des Herrn Hut". Vom Amt am Dresdener Hof zog sich der fromme Reichsgraf allmählich zurück. Arbeit gab es für alle. Die Männer fuhren ins Holz, fällten und zersägten Bäume, die Frauen bestellten die Äcker und Gärten. Der Zimmermann Christian David führte die ersten mährischen Exulanten nach Berthelsdorf und fällte den ersten Baum für die neue Siedlung. Haberschütz führte die Aufsicht, koordinierte Arbeitsabläufe, damit keine Zeitverzögerung die Fertigstellung der Häuser und Vorratsgebäude beeinflusste. Der Winter ging mehrmals über Land, ließ die Bäche erstarren, dann mit neu aufbrechendem Licht schossen die Wasserläufe wieder munter zu Tal; die Sonne brach immer früher über den Bergen zu ihrem Lauf über die Erde auf. Sommer und Herbst ließen die Früchte reifen. Das Korn stand gut, in den Gärten gedieh das Gemüse. Die Wiesen erfreuten sich vieler Gräser und Blumen in kräftigen Farben. Es gab keinen Grund zur Sorge, nur zum Danken, und dafür sorgte der Graf mit seinen Gebeten und Liedern, die an Zahl immer weiter zunahmen. Nach fünf Jahren bestand die Siedlung bereits aus dreißig Häusern mit mehr als zweihundert Bewohnern, zu denen sich auch Menschen aus anderen Gegenden und Konfessionen gesellten.

### Aller Gläub'gen Sammelplatz

*Aller Gläub'gen Sammelplatz*
*ist da, wo ihr Herz und Schatz,*
*wo ihr Heiland Jesus Christ*
*und ihr Leben hier schon ist.*

*Eins geht da, das andre dort*
*in die ew'ge Heimat fort,*
*ungefragt, ob die und der*
*uns nicht hier noch nützlich wär'.*

*Doch der Herr kann nichts versehn,*
*und wenn es nun doch geschehn,*
*hat man nichts dabei zu tun,*
*als zu schweigen und zu ruhn.*

*Manches Herz, das nicht mehr da,*
*geht uns freilich innig nah;*
*doch, o Liebe, wir sind Dein,*
*und Du willst uns alles sein.*

Das Dresdener Hofamt wollte die zunehmende Abwesenheit seines Hof- und Justizrates nicht länger hinnehmen. „Euer Hochwohlgeboren stehen in einer ständigen Verpflichtung."

Aus der wollte sich Zinzendorf nun ganz lösen, um sich mehr seinem Lebenswerk zu widmen. Was war eine religiöse Lebensausrichtung gegenüber sturen und oft langweiligen Verwaltungsaufgaben? „Wenn ich hier heil und ohne Regressansprüche herauskomme, lieber heute als morgen", resümierte der Reichsgraf, denn es gab Spannungen zwischen einzelnen Gruppierungen in Herrnhut. In einem Abendmahlsgottesdienst in der Berthelsdorfer Kirche versöhnten sich die streitenden Parteien und einigten sich: „Ab heute nennen wir uns Herrnhuter Brüdergemeine." Grundfeste war die lutherische Theologie. Auf dieser Basis entwickelten die Herrnhuter Siedlung und die alte Dorfgemeinde neue Formen des geistigen Zusammenlebens.

Um einen elitären Anspruch zu vermeiden, den Glaubensbrüdern jedoch für immer nahe zu sein, degradierte er das Schloss zum Herrschaftshaus und baute ab 1730 den Vogtshof, der ab 1756 als Sitz der Schirmvogtei, des Direktoriums der „Brüder-Unität" fungierte. Denn aus dem Stamm und weiterem Zuzug der „Böhmischen Brüder" war inzwischen die kirchlich eigenständige „Herrnhuter Brüdergemeine" entstanden. Es war ein feierlicher Augenblick, als am 13. August 1727 im Rahmen einer

Abendmahlsfeier in der lutherischen Kirche in Berthelsdorf durch einen Bußakt des Pfarrers Johann Andres Rothe und der ganzen Gemeinde diese neue Gemeinschaft aus der Taufe gehoben wurde.

„Weil es nicht zu vermuten ist, dass alle Einwohner in Herrnhut einerlei Sinn nach Christi haben", erkannte Zinzendorf, „so wird davon nur redlich Bekenntnis verlangt, und alsdann einem jeden von den Statuten soviel zu unterschrieben geben, als sich für ihn schickt." Das Nebeneinander der einzelnen protestantischen Glaubensbekenntnisse zu erreichen, war seine Idealvorstellung, doch das Ziel ließ sich nicht verwirklichen. Die Ausrichtung auf Christus als Mittelpunkt des persönlichen und gemeinschaftlichen Lebens blieb das Bemühen des Grafen, der auf die Bildung von Leitfunktionen und Hierarchien so weit als möglich verzichten wollte. In der Bibelexegese, ausgehend von den vier Evangelien, versuchte der Graf eine für alle verständliche Auslegung. In seinen „Theologischen Bedenken" hielt er fest: „Es ist eine unverantwortliche Torheit, die Bibel so auszukünsteln, dass man wider allen Sinn und Verstand glauben soll, dass sie gelehrt, zusammenhängend, nach unserer Art methodisch geschrieben sei."

Die Gemeinschaft wuchs, auch an anderen Orten, es gab Erfolge und Rückschläge.

Herrnhut war nicht die Welt. 1731 brachte Nikolaus Ludwig Graf von Zinzendorf aus Kopenhagen einen westindischen Sklaven mit. Die Welt war also größer als die neuen Siedlungsgebiete. Und es zeigte sich, dass im Ausland, in Nordamerika unter Indianern in Georgia und im südamerikanischen Suriname Missionsarbeit vonnöten war. 1734 wurde der Graf als lutherischer Theologe ordiniert. Er musste sich in Stralsund einer Rechtgläubigkeitsprüfung unterziehen, die Ernennung zum Kandidaten erfolgte in Tübingen. Die abgeschottet lebenden Herrnhuter erregten das Missfallen der kirchlichen Obrigkeit. Treiben die es nicht zu bunt? Sind sie zu selbständig, zu sehr auf Zinzendorf fixiert? Wegen der Aufnahme glaubensfremder Flüchtlinge bekam er Ärger mit der Hierarchie und wurde 1736 aus Sachsen ausgewiesen. Die einheitliche Landeskirche empfand ihn als Bedrohung. Der Abschied war schmerzlich. Auch die Männer schämten sich der Tränen nicht, als sich Zinzendorf von den Seinen verabschiedete. Die Gründung als Herrnhuter Brüdergemeine durfte bestehen bleiben, sich jedoch nicht weiter ausbreiten. Seine Güter übertrug der Reichsgraf seiner Frau.

„Was soll ohne Euch aus uns werden?" Die Klage begleitete den scheidenden Gründer über lange Wegstrecken. Zinzendorf, im Glauben gefestigt, wusste nur eine Antwort: Gott wird mich auch in der Verbannung führen. Als Trost fielen ihm neue Kirchenlieder zu; sie hatten bald die Zahl 2000 erreicht. Der reformierte Hofprediger Daniel Ernst Jablonski, der zugleich Bischof der polnischen Brüder-Unität war, ordinierte den Reichsgrafen zum

Brüderbischof. Das war möglich, weil die polnische Unität durch Sukzession mit der alten böhmisch-mährischen verbunden war, deren eigene Bischofs-sukzession über Johann Amos Comenius hinaus nicht fortgesetzt werden konnte. Als umherziehender Pilger gelang Zinzendorf in der hessischen Wetterau die Gründung der Gemeinen Marienborn und Herrnhaag. Von dort reiste er nach Nordamerika, anschließend auf die westindischen Inseln und nach Saint Thomas, eine der Amerikanischen Jungferninseln in der Karibik. Bei einer seiner wiederholten Reisen in die Ostseeprovinzen, vor allem zu den noch heidnischen Esten und Letten, erregte die faszinierende Gestalt und der Einfluss des Glaubenspredigers den Unwillen der Zarin. Sie ließ Zinzendorf 1743 schon bei der Einreise festnehmen und in der Zitadelle von Riga inhaftieren. Die Ausweisung war die Folge.

Am Ende zog es den reisefreudigen Grafen, der auch eine Zeitlang in London lebte, in die Heimat zurück. Das geschah, nachdem ihm die Rückkehr nach Sachsen gestattet worden war, und die „Herrnhuter Brüdergemeine" 1749 die Freiheit der Verkündigung zugesichert bekommen hatte. Sie war nun eine mit der sächsischen Landeskirche verbundene Gemeinschaft und versteht sich heute als selbständige, ökumenisch offene Kirche, die weltweit in 29 Provinzen gegliedert ist. In Europa gibt es drei Provinzen, nämlich in Großbritannien, Tschechien und Kontinentaleuropa mit den Ländern Deutschland, Niederlande, Schweiz, Dänemark, Schweden, Estland, Lettland und Albanien.

Der wachsende Flüchtlingsstrom nach Herrnhut behagte dem Kaiser nicht, und so forderte Karl VI. 1731 in einer eigenhändig unterzeichneten Beschwerde die kursächsische Regierung auf, die Siedler aus Herrnhut auszuweisen und den Grafen wegen „Unordnung und Religionsstörungen" dazu. Zinzendorf nutzte die Verbannung zu mehreren Reisen in viele nahe und weit entfernte Länder, denn ... „jetzt" so erkannte er, „müssen wir die Pilger-Gemeine sammeln, und der Welt den Heiland verkündigen". Erdmuthe verwaltete das Vermögen ihres Mannes, sorgte für Haus und Gesinde, leitete die Brüder- und Schwesterngemeine, pflegte die Armen, bewirtete die nach Herrnhut kommenden Pilgergruppen und fand noch die Zeit, die neu entstandenen oder gefährdeten Gemeinen durch Reisen nach Berlin, Ebersdorf und Marienborn zu beraten. Auf größeren Reisen kam sie sogar nach Russland, Dänemark, Holland und England, das sie allein sechsmal aufsuchte. Eine Regierungskommission Sachsens entlastete Zinzendorf von den gegen ihn erhobenen Vorwürfen und bestätigte, dass die Herrnhuter keine Separatisten, sondern Verwandte der Augsburgischen Konfession waren.

Ein Vorgriff auf ihr weiteres Leben: Dem Vorsatz, dass er eine Frau suche, die nur Jesus Christus liebe, konnte Zinzendorf allerdings nicht treu bleiben: Erdmuthe gebar zwölf Kinder, von denen die meisten den Eltern durch einen frühen Tod entrissen wurden. Ein so geformtes und strapaziöses Leben konnte nicht ohne Folgen für ihre Gesundheit bleiben. Dreißig Jahre hielt sie alle Anstrengungen aus, dann, nach dem Tod ihres einzigen noch lebenden Sohnes, brach ihr Lebenswille und sie starb. 1.800 Personen sollen Erdmuthes Sarg begleitet haben, getragen von vierundzwanzig Geistlichen. Einige von Erdmuthe geschaffene Kirchenlieder haben die Zeit überdauert.

### Es bleibt dabei, dass nur ein Heiland sei

*Es bleibt dabei, dass nur ein Heiland sei,*
*des Rat und Tat in allen Fällen wichtig.*
*Von Qual und Last der Sorge macht er frei,*
*sein Weg, ob dunkel auch, ist immer richtig.*
*Bei ihm findt man die echte, wahre Treu.*
*Es bleibt dabei.*

*Es bleibt dabei. Ich halte ihn für treu,*
*er ist derselbe wie vor tausend Jahren.*
*Und bin ich furchtsam auch und oft noch scheu,*
*ich hab ihn lieb, ich habe Kraft erfahren,*
*die Kraft, die sich beweist, so schwer 's auch sei.*
*Es bleibt dabei.*

*Ach treuer Freund, wenn uns dein Licht erscheint,*
*so wolln wir gern den Kummer fahren lassen.*
*In gleichem Sinn, in Lieb und Leid vereint,*
*gehn wir getrost dir nach auf rechter Straßen;*
*denn du, der du uns führst, bist unser Freund,*
*der 's treulich meint.*

Charles Hector de Saint George Marquis de Marsay sagte von sich selbst, dass er 1688 in Paris geboren worden sei, wohin seine hugenottische Adelsfamilie vor antireformierten Verfolgungen untergetaucht war. Die eigentliche Heimat war La Rochelle. Am Anfang des 18. Jahrhunderts diente er als Page in Hannover, trat dort in den Militärdienst ein und wurde bald Fähnrich. In zwei seiner Kameraden fand er, ein frommer junger Mann, Gleichgesinnte, die ihn mit den Schriften der Madame Guyon bekannt machten. Sie war die Tochter eines wohlhabenden Richters aus dem Bürgertum, der allerdings die Aufnahme in den Adelsstand anstrebte. Eine Zeitlang lebte Madame Guyon im Kloster, wo sie mit den Schriften des Franz von Sales und der Johanna Franziska von Chantal in Berührung kam. Einen totalen Klostereintritt verweigerten die Eltern, sie verheirateten sie vielmehr gegen ihren Willen sechzehnjährig mit dem 22 Jahre älteren, wohlhabenden Adeligen Jacques Guyon, Seigneur du Chesnoy. Aus der unglücklichen Ehe gingen fünf

Kinder hervor, von denen zwei starben. Mit 28 Jahren war sie Witwe.

Jacques Bertot, ein römisch-katholischer Mystiker, gewann durch seine Schriften großen Einfluss auf ihr Leben. Nach dessen Tod leitete sie in Gex bei Genf eine Gemeinschaft von calvinistischen Konvertitinnen. Der Barnabitermönch François La Combe – auch Lacombe genannt – bestärkte sie in der Abfassung mystischer Schriften, die sie zum Teil bekannt machten, ihr andererseits auch den Vorwurf der Verbreitung des Quietismus einbrachten. Quietismus – von lateinisch *quietus* „ruhig" – ist eine Sonderform der christlichen Mystik, Theologie und Askese, die das Lehramt als Irrlehre und falsche Form der Lebensführung verwarf. Nach dem theologischen Quietismus soll der Mensch sein Ich völlig aufgeben und sich an Gott binden, um danach in willenloser Ruhe und totalem Gleichmut zu leben. Die Barnabiten, 1530 durch den hl. Antonius Maria Zaccaria in Mailand gegründet, waren eine katholische Ordensgemeinschaft für Männer, die nach der Paulinischen Theologie lebten und lehrten. Ihre Priester wirkten hauptsächlich in der Erziehung und Seelsorge.

Charles Hector de Saint George Marquis de Marsay und seine beiden Freunde Leutnant François Cordier und Feldprediger François Baratier beschlossen, ein gemeinsames Leben in Stille und nach pietistischen Idealen zu führen. 1711 zogen sie durch Vermittlung nach Schwarzenau in die Grafschaft Sayn-Wittgenstein-Hohenstein. Das Schloss war Witwensitz und Jagdschloss der Familie. Ab 1713 siedelten hier Canonisten, so benannt nach dem jährlich zu erbringenden Zins, dem Kanon. Unter den Neusiedlern befanden sich auch Hugenotten. Doch das gemeinsame Leben war nur von kurzer Dauer. Da lernte der Marquis eine ebenfalls pietistisch gesinnte Frau namens Clara von Callenberg kennen. Sie beäugten sich eine Weile, als könnten sie hinter ihrer Physiognomie auch gleich die geistige Gesinnung erkennen. Doch da sie wechselseitig den ernsten Charakter des anderen erkannten und ihre religiöse Gesinnung offenkundig war, schlug Charles Hector de Saint George Marquis de Marsay vor, mit Clara eine geistige Ehe einzugehen.

„Geistige Ehe? Wie soll das geschehen? Am Ende läuft es bei Männern doch auf erotische Erlebnisse hinaus."

„Sie verkennen meine wahre Gesinnung, Madame."

„Ach, Reichsgraf von Zinzendorf heiratete eine Frau und empfahl ihr, ihn so zu betrachten, als ob er nicht existiere. Also auch in Richtung geistliche Ehe."

„Ja, und dann?"

„Am Ende zeugte er mit ihr wohl ein Dutzend Kinder."

Die beiderseitige Heiterkeit hielt sie nicht davon ab, das Experiment einzugehen.

Die geliebte Einsamkeit um Schwarzenau bleibt ihr Lebensmittelpunkt. Charles Hector de Saint George Marquis de Marsay verdiente den Lebensunterhalt durch Strumpfstricken, doch erlernte er auch das Handwerk des Uhrmachers. Zwar gaben er und seine Gattin das einsame Leben zeitweise auf, doch kehrten sie immer wieder, angeleitet von ihren pietistischen Neigungen, an ihren Wohnsitz Schwarzenau und Christianseck zurück. In Christianseck kam es 1725 zu einem Bauernaufstand gegen die Leibeigenschaft und die erdrückenden Abgaben. Ein Kommando Nassau-Dillenburger Soldaten schlug den Aufstand nieder; sieben Tote und zahlreiche Verletzte blieben auf der Strecke.

Im Jahr 1730 kam es zu einem folgenschweren Ereignis. „Heute erwartet Schwarzenau einen hohen Gast", überraschte der Marquis seine Frau.

„So? Wer verirrt sich denn von den erlauchten Herrschaften in dieses Nest?"

„Graf Nikolaus Ludwig von Zinzendorf kommt von Berleburg herüber."

Der Gleichmut in Clara von Callenbergs Gesicht ging in Erstaunen über.

„Sucht er nach Landbesitz, um eine neue Siedlung anzulegen?"

„Wohl kaum. Er sprich im gräflichen Herrenhaus. Hören wir ihn uns an."

Der Vortrag begeisterte beide. Und auch die anschließende Begegnung mit dem Begründer der Herrnhuter Brüdergemeine ließ ihre Herzen höherschlagen.

„Ja, ich gebe manchen geflüchteten Glaubensbrüdern und -schwestern ein neues Zuhause ‚unter des Herrn Hut'. Wenn Sie sich mit Ihrem Gedankengut meinen Zielen verbunden fühlen, lade ich Sie gern ein – kommen Sie zu mir. An Aufgaben für Sie wird es nicht fehlen." Und jetzt zitierte Zinzendorf aus seinen Schriften: „Mit meinen mährischen Exulanten möchte ich in beständiger Liebe mit allen Brüdern und Kindern Gottes in allen Religionen stehen, kein Beurteilen, Zanken oder etwas Ungebührliches gegen Andersgesinnte vornehmen, wohl aber sich selbst und die evangelische Lauterkeit, Einfalt und Gnade unter sich zu wahren suchen."

Der anfänglichen Begeisterung für eine gemeinsame Arbeit wurden bald Grenzen gesetzt. Der Quietismus forderte mehr Radikalität, mehr Einsatz für eigene Ziele. Akzeptanz, Versöhnung und Gleichmut gegenüber anderen Glaubensrichtungen war Charles Hector de Saint George Marquis de Marsay und seiner geistigen Ehefrau Clara von Callenberg kein passendes Rezept. Die mystischen Ideale der Madame Guyon gewannen an Stärke.

Graf Casimir zu Sayn-Wittgenstein-Berleburg nutzte seinen Einfluss, die beiden nach Berleburg einzuladen. Er bot ihnen zunächst eine Wohnung im

Schloss an, dann einen Neubau gegenüber. Das Haus Berleburg mit seiner strengen pietistischen Prägung bot den beiden Neubürgern sichere Arbeitsmöglichkeiten. Die Marsays fühlten sich bald eingebunden in die enorme Versammlungstätigkeit. Charles Hector fand in der Berleburger Waisenhausdruckerei die Möglichkeit, viele seiner eigenen Bücher zu drucken. Außerdem veröffentlichte er Artikel in der pietistischen Zeitschrift „Geistliche Fama". Ein Ziel war die Vorbereitung und Herausgabe einer „Berleburger Bibel". Graf Casimirs Mutter, die verwitwete Gräfin Hedwig Sophia von Wittgenstein, die bis zur Volljährigkeit ihres Sohnes regierte, war eine fromme Frau, die ihre Kinder, und vor allem den Erbgrafen, mit viel Sorgfalt und Liebe erzog. Der dankte ihr ihre Zuneigung mit großer Anhänglichkeit und Verehrung.

„Denk immer daran", empfahl sie, „dass wir eine große Heilige in ihrer Kindheit hier beherbergt haben."

„Sie denken an die große Elisabeth von Thüringen, Mutter? Ich habe die verwandtschaftlichen Bindungen an sie nicht vergessen. Sie ehren uns."

„So ist es. Es bestanden enge Beziehungen zum Sayner Grafenehepaar Heinrich III. und Gräfin Mechthild von Landsberg. Mechthilds Mutter, Jutta von Thüringen, war eine Kusine von Elisabeths späterem Mann, Ludwig IV. Elisabeth kam ja bereits im Alter von vier Jahren als seine Verlobte an den Thüringer

Hof. Sie wird ihre Verwandten in Sayn mehrfach besucht haben. Zumindest hat sie angeordnet, dass ihr drittes Kind, würde es ein Sohn, ins Kloster Rommersdorf eintreten solle. Ach, was hat sie ein schweres Schicksal ertragen müssen."

„Vor allem, weil ihr dieser Konrad von Marburg so entsetzlich zugesetzt und ihr den Verzicht auf ihre Kinder eingeredet hat."

Rommersdorf, eine ehemalige Prämonstratenserabtei, war die älteste Niederlassung dieses Ordens auf dem Gebiet des alten Erzbistums Trier.

Gräfin Hedwig Sophia schickte Casimir auf die Universitäten Marburg und Gießen und 1705 nach Halle, wo er die Lebensausrichtung des frommen Juristen Stryk und die des August Hermann Francke kennenlernte. 1711 verheiratete sich Graf Casimir zu Sayn-Wittgenstein-Berleburg mit der ebenfalls pietistischen Gräfin von Isenburg-Wächtersbach. Seine Mutters starb 1738. In ihrem „philadelphischen" Sinne regierte er das Land als Christ pietistischer Ausrichtung. Die Schriften Johannes Taulers und Frau von Guyons gewannen großen Einfluss auf ihn und in einem bis zu seinem Tode 1741 geführten Tagebuch gab er Aufschluss über sein inneres Leben, wobei er mit jeder seiner Sünden kritisch ins Gericht ging. Er umgab sich mit gleichgesinnten Beamten und bot auch wohnungssuchenden Gesinnungsgenossen eine Unterkunft ähnlich wie Graf Zinzendorfs „Brüdergemelne". Den aus Straßburg geflohenen gelehrten Magister Johann Heinrich Haug nahm er Zeit seines Lebens ins Berleburger Schloss auf.

Der Hachenburgische Hofmarschall Karl Sigismund Prueschenk von Lindenhofen trat alsbald in Marsays Leben. Er bewohnte seit 1735 das Schloss Hayn in Hainchen. Schlossherr war Johann Friedrich von Fleischbein, Oberhaupt einer den Lehren der französischen Mystikerin Madame de Guyon nachstrebenden quietistischen Gemeinschaft, mit dem auch Goethe korrespondierte. Charles Hector und seine Frau siedelten nach Hayn über, wo er bald der „Gesellschaft der Kindheit Jesu-Genossen" vorstand und zum Seelenführer der Fleischbeins wurde. Der Kreis der Quietisten orientierte sich an den Regeln der Madame de Guyon zur Kindheit Jesu. Unterstützer war mit einigen anderen der Laienprediger und Kirchenliedautor Gerhard Tersteegen. Dessen Freunde nannten sich „die Stillen im Lande" und führten ein Leben „in stiller Abgeschiedenheit, Anbetung, Meditation und Versenkung". Zu ihnen gehörte auch der Goethe-Freund Johann Heinrich Jung-Stilling. Er war sich sicher: „Die vielfältigen Schriften der Frau von Guyon, ihre Briefe, ihre geistlichen Ströme, ihre Lieder, ihr Buch vom inneren Gebet, von der Kinderzucht, ihre Bibelerklärungen, ihre Lebensbeschreibung usw. [brachten ihr] ein erstaunliches Ansehen in ganz Europa, besonders aber in Deutschland." Die Wirkung der Schriften der französischen Mystikerin auf die Umwelt kam auch in

Karl Philipp Moritz' Bildungsroman „Anton Reiser" zum Ausdruck, den er mit 22 Jahren veröffentlichte und der als Einstieg in die moderne Literatur gilt.

Noch einmal rückte Schwarzenau ins Blickfeld des frommen Ehepaares Charles Hector de Marsay und seiner Frau. Es verließ den geliebten Ort endgültig und lebte in Arolsen, Bad Pyrmont, Altona, Goddelsheim bei Korbach und Ampleben bei Wolfenbüttel. 1753 starb Charles Hector de Saint George Marquis de Marsay hier nach Rückkehr in die evangelische Kirche.

Zurück zum Begründer der „Herrnhuter Brüdergemeine". 1734 trat Anna Nitschmann ins Leben des Reichsgrafen Nikolaus Ludwig von Zinzendorf. Sie wurde am 24. November 1715 in Kunewalde in Mähren geboren, stammte aus einfachen Verhältnissen und besaß auch keine nennenswerte Schulbildung. Ein religiöses Elternhaus prägte ihre Jugend. Wie andere pietistisch geneigte Gruppen in Europa hielten auch die verfolgten „Unitas Fratrum" so genannte „Konventikel" illegal in ihren Häusern ab. Laien predigten, sangen und beteten. Frauen und Kinder erfreuten sich einer Mitwirkungsfreiheit, die weit über die Möglichkeiten in den offiziellen Kirchen dieser Zeit hinausging. Anna Nitschmann berichtet in ihrem späteren „Lebenslauf", dass sie als

Kind in diesen Versammlungen das Gebet sprechen durfte.

Annas Eltern hießen David und Anna. Weil sie solche „Konventikel" in ihrem Haus pflegten, waren sie bald Zielscheibe der Behörden. Vater David und ihr Bruder Melchior wurden mehrmals verhaftet und inhaftiert. Melchior entschloss sich, seine Zukunft woanders zu suchen und verließ Mähren Ende 1724. Als David Nitschmann im Januar 1725 aus der Haft entlassen wurde, folgte er seinem Sohn ins protestantische Sachsen. Die beiden Männer hofften, sich mährischen Flüchtlingen anschließen zu können, die bei der Adeligen Katharina von Gersdorf, Nikolaus Ludwig von Zinzendorfs Großmutter, Unterschlupf gefunden hatten. Drei Jahre zuvor, am 15. Juni 1722, waren drei mährische Familien auf dem Gut der Witwe in Großhennersdorf angekommen und hofften auf Aufnahme. Henriette Katharina Freifrau von Gersdorf, geborene Freiin von Friesen, war eine deutsche religiöse Lyrikerin, Förderin des Pietismus, der Herrnhuter Brüdergemeine sowie der sorbischen Sprache und Kultur. Sie gewährte diesen Wunsch und erlaubte den Flüchtlingen, sich auf ihrem Grund und Boden im Nordwesten von Großhennersdorf anzusiedeln. Anna und ihre gleichnamige Mutter wollten nicht allein in der Heimat bleiben. Sie machten sich mitten im Winter auf den Weg und erreichten nach dreiwöchigem Fußmarsch am 24. Februar 1725 Herrnhut.

Anna muss sich durch ihre Lebensweise hervorgetan haben, denn schon 1730 wurde sie in ein hochgestelltes Amt für Mädchen und Frauen berufen und erhielt auch weitere lebenswichtige Aufgaben innerhalb der Gemeinschaft. In Folge wurde sie eine wichtige Mitarbeiterin des Grafen, reiste 1736 mit ihm und anderen Gemeinemitgliedern in missionarischer Mission innerhalb Deutschlands, der Niederlande, der Schweiz, Frankreichs, Englands, Livlands, aber auch Amerikas. Anna Nitschmann wirkte in Wort und Schrift als Seelsorgerin unter Mädchen und Frauen.

Eine ungewöhnliche Flutwelle hatte die Küste Westenglands erreicht. Als erste erfuhren die Krabbenfischer an der Nordsee von diesem Ereignis, doch dann sickerten immer mehr Einzelheiten von dieser Katastrophe ins Land. Ausgangspunkt war ein Erdbeben in Lissabon am 1. November 1755 gewesen, dem ein Großteil der Stadt zum Opfer gefallen war. Ein Großbrand wütete zudem in den Straßen und legte in Schutt und Asche, was zuvor noch nicht vernichtet worden war. Wegen des Allerheiligentages waren die Gottesdienste stark besucht gewesen. Mehrere Zigtausend Menschen von den 275.000 Einwohnern hatten in den Kirchen den Tod gefunden, hieß es. Das Viertel, in dem die Prostituierten zu Hause waren, die Alfama, war hingegen vom Schicksal verschont geblieben.

Zinzendorf ließ sich alle Einzelheiten berichten, die bruchstückhaft in seinen Dörfern erzählt und von Handelsleuten weitergetragen wurden. So erfuhr er auch, dass König José I. eine Zeltstadt für seine Familie und sich hatte errichten lassen und nicht mehr daran dachte, jemals in feste Mauern zurückzukehren. Auf Wunsch seiner Tochter, den Feiertag außerhalb der Stadt zu verbringen, war er mit Familie und Hofstaat nach dem Frühgottesdienst nach Santa Maria de Belém außerhalb der Stadt aufgebrochen und der Katastrophe entronnen, da diese erst kurze Zeit später hereinbrach.

Anna Nitschmann war eine geduldige Gesprächspartnerin. Mit ihr erörterte Zinzendorf Hilfsmaßnahmen für die geschundenen Portugiesen, doch seine Mitarbeiterin trug hundert berechtigte Einwände vor, von einem solchen Programm Abstand zu nehmen. Schließlich sei es eine Reise um den halben Erdball. Und obdachlose Lissabonner einzuladen und mit ihnen fern der Heimat eine neue Siedlung zu bauen, sei ebenso illusorisch.

Nikolaus Ludwig von Zinzendorf fühlte sich durch das Erdbeben von Lissabon zutiefst getroffen. Nicht allein die menschliche Tragödie erschütterte ihn, noch mehr beschäftigte ihn die Frage: „Warum konnte Gott das zulassen?" Wie sich bald herausstellte, war er nicht der Einzige, der dieser Frage nachhing. Bekannte Theologen und namhafte Philosophen rüttelten an dem überlieferten Gottesbild.

War er der gütige, der barmherzige, der liebende Gott, der den Menschen nach seinem Bilde erschaffen hatte, aber sich nicht scheute, ihn zu vernichten?

„Ich sehe, wie dich das Problem erschüttert", bemerkte Anna Nitschmann, „du musst mir nicht erklären, was in dir vorgeht."

„Ich hatte schon immer meinen Zweifel, ob es Gott überhaupt gibt, den Gott Abrahams, Isaaks und Jakobs. Er schien mir nicht greifbar. Aber in seinem Sohn, in Jesus Christus, sah ich ihn deutlich, und das war mir ein Trost."

„Ich kenne deine Zweifel. Aber sei getrost: Andere haben diese Zweifel auch. Was sich vor der Weltöffentlichkeit in Lissabon ereignet hat, erschüttert viele Seelen und lässt fragen: Hat Gott die Allmacht, solche Katastrophen zuzulassen und warum stellt er sich ihnen nicht in den Weg, um seine Geschöpfe zu schützen?"

„Ja. Konkret geht es um die Frage, wie ein Gott oder Christus wissentlich das Leiden unter der Voraussetzung zulassen kann, dass er doch die Allmacht hätte und den Willen besitze, eben dieses Leiden zu verhindern. Kann Gott denn im Ernst zulassen, dass Menschen Böses widerfährt?"

Anna Nitschmann erwies sich als eine besonnene, jedoch nicht unkritische, gebildete Frau. „Meinst du nicht", mutmaßte sie, „dass sich auch andere Kulturen der Antike, zum Beispiel im alten China, in Indien, im Iran, in Babylonien und in Ägypten ähnliche Fragen gestellt haben? Haben sie uns eine glaubhafte Lösung serviert? Nein. Wir trösten uns mit der Geschichte des Hiob aus dem jüdischen Tanach. Aber sind wir mit diesem Trost zufrieden?"

1757 nahm Zinzendorf Anna Nitschmann zur Frau. Ihre Ehe dauerte keine drei Jahre. Mit ihm unternahm sie noch viele Inspektionsreisen in Deutschland und den Niederlanden. Sie starb am 21. Mai 1760, nur wenige Tage nach ihrem Gatten.

Anna Nitschmann tat sich auch als kirchliche Liedermacherin hervor. Eines heißt:

*„Herr Jesus Christ, mein Leben,*

*„Herr Jesus Christ, mein Leben,*
*Du hast Dich selbst gegeben*
*für mich zum Opfer dar.*
*Dein Blut hat mich gereinigt,*
*ich bin mit Dir vereinigt,*
*mit Dir, o Herr, auf immerdar.*

*Auch jetzt sei Dir mein Leben*
*und alles hingegeben,*
*was ich hier hab und bin.*
*Du hast mich ganz erworben,*
*da Du für mich gestorben,*
*drum nimm mich ganz zum Opfer hin.*

*Ich will an nichts mehr denken,*
*ich will mich auch nicht kränken*
*um das, was künftig ist:*
*Ich will von Deinen Händen*
*mich lassen drehn und wenden.*
*Genug, dass Du mein Alles bist.*

Die weltweite Ausdehnung der Gemeine hat Zinzendorf nicht mehr erlebt. Was er in den wenigen Jahrzehnten seines Lebens angestoßen hatte, entwickelte sich unter sachkundiger Leitung weiter zu einem länderübergreifenden Unternehmen. Die Verbreitung der christlichen Botschaft blieb ein Hauptanliegen. So schickte die Leitung der „Herrnhuter Brüdergemeine" Missionare in alle Welt, ja, bis in die entlegensten Gegenden der Erde. 1732 erreichten die ersten Missionare die karibische Insel St. Thomas, um schwarzen Sklaven das Evangelium zu predigten. Ihre theologische und kirchengeschichtliche Ausbildung ließ allerdings oft zu wünschen übrig. Bis 1760 wirkten bereits zweihundert Herrnhuter Missionare in aller Welt, so unter Sklaven, Eskimos Hottentotten und Indianern. Dass in Afrika, Asien, Amerika selbständige Provinzen entstanden, ist die Folge der intensiven Missionstätigkeit.

Die Brüdergemeine wirkt unter verschiedenen Namen. Der Name „Brüder-Unität" fußt auf dem lateinischen „Unitas Fratrum", dem Namen der böhmischen Brüder im 15. bis 18. Jahrhundert. Der

Name „Herrnhuter Brüdergemeine" verweist auf den Ort Herrnhut in Sachsen, den Gründungsort der Religionsgemeinschaft im 18. Jahrhundert. Hauptsitz der Evangelischen Brüder-Immunität ist der Geburtsort Herrnhut. Weitere Namen bürgerten sich ein: „Evangelische Brüdergemeine", Evangelische Brüder-Unität", „Moravian Church". Der englische Begriff deutet auf die Entstehung in Böhmen und Mähren hin. „Iglesia Morava" heißt er im Spanien. Im Französischen „Église morave", in Swahili „Kanisa la Moravian".

Die Brüdergemeine schreibt über ihre Missionsarbeit selbst: „Aus der Wirksamkeit der Mission ist heute eine weltweite Kirche mit selbstständigen Provinzen in Afrika, Asien, Amerika und Europa entstanden, außerhalb Deutschlands heißt sie auch ‚Moravian Church' oder ‚Iglesia Morava'. Heute hat die Herrnhuter Brüdergemeine in Deutschland etwa 6.000 Mitglieder, die Mehrzahl der weltweit etwa 1.040.500 Mitglieder jedoch lebt in Afrika, in Nord- und Mittelamerika und in der Karibik. Ihren Hauptsitz hat die Evangelische Brüder-Unität aber nach wie vor in Herrnhut."

Das Schulwerk dieser Unität erfreute sich so großen Zuspruchs, dass die Leitung schon bald in überregionalen Anzeigen darum bitten musste, niemanden unangemeldet in die Schulen zu schicken. Die Einheit von religiöser, sozialer und naturkundlichpraktischer Erziehung ist Grundausrichtung des Bildungsprogramms. Die Grundstruktur religiöser Ausrichtung führt zu verschiedenen „Gemeinschaftsformen", ursprünglich „Banden" genannt. Das waren Kleingruppen von drei bis acht Menschen, die sich gegenseitig auf dem Weg in der Nachfolge Jesu bestärkten. Im Laufe der Zeit entstand zudem eine Vielzahl von Ämtern. Um Begabungen und Befähigungen jedes einzelnen zu nutzen und um gleichzeitig das Prinzip der Gleichheit zu untermauern, war jeder sein eigener Amtsvorsteher. Die Fantasie war unbegrenzt. Es gab Älteste, Lehrer, Helfer, Krankenpfleger, Aufseher, Diener, Almosenpfleger und viele andere Ämter. Reichsgraf Zinzendorf, der lange das Vorsteher-Amt bekleidete, übertrug es 1741 an Jesus Christus. Bei den Mahlzeiten war seitdem immer ein Platz für ihn frei. Die „Evangelische Brüder-Unität" – „Herrnhuter Brüdergemeine" bekleidet eine Stellung zwischen evangelischen Landeskirchen und Freikirche. Sie gehört zu den Gründungsmitgliedern der Arbeitsgemeinschaft Christlicher Kirchen (ACK).

*

Mit der „Herrnhuter Brüdergemeine" ist ein bestimmter Weihnachtsstern verbunden, der in vielen evangelischen Kirchen in der Zeit, wenn die Geburt des Herrn gefeiert wird, an prominenter Stelle sein Licht verbreitet. Er ist im Laufe seiner Geschichte zu einem Symbol und Markenzeichen geworden. Da sich die Brüder vorbildlich der Erziehung junger Menschen annahmen und zahlreiche Schulheime gründeten, lehrten sie die Jungen ab dem 19. Jahrhundert, diese Sterne zu basteln. Am 1. Sonntag im Advent ging es in den Schulklassen recht lebendig zu, wenn mit Papier, Schere und Klebstoff gewerkelt wurde. Ein Erzieher kam auf die Idee, den Stern im Mathematikunterricht als Vorlage für ein besseres geometrisches Verständnis zu nutzen. Er ließ Sterne aus verschiedenen geometrischen Formen herstellen und damit die Internatsstuben schmücken. Die ersten Sterne entstanden in den Farben Weiß und Rot. Weiß verkörperte die Reinheit, Rot symbolisierte das Blut Christi. Der Mathematiker Prof. Dr. Christian Hesse erklärte die Herstellung des Sterns in einem Interview mit Maren Keller im „Spiegel" so: „In der Geometrie erhält man einen Stern, wenn man von einem sogenannten Polyeder, zu Deutsch Vielflächner, ausgeht. Das sind dreidimensionale Objekte, die von mehreren Ebenen begrenzt sind. Ein einfaches Beispiel ist ein Spielwürfel, geometrisch gesprochen ein Hexaeder. Wenn man nun auf die Flächen Pyramiden klebt, erhält man einen sechsstrahligen Stern…"

Herrnhuter Weihnachtssterne gibt es aus Papier und Kunststoff. Die traditionellen Sterne aus Papier sind für den Innenbereich vorgesehen. Die großen

Weihnachtssterne aus Kunststoff sind sowohl für innen als auch außen geeignet. Außerdem existieren Sternketten aus insgesamt zehn kleinen Original Herrnhuter Sternen. Sie sind sowohl für den Innen- als auch den Außenbereich geplant. Wie die Sterne beleuchtet und aufgehängt werden können, dazu bietet der Hersteller eine große Auswahl an Zubehör, Beleuchtungen und Ersatzteilen an. Die Sterne werden zur Selbstmontage geliefert. Eine Bauanleitung liegt jedem Weihnachtsstern bei.

Wer wird sich noch daran erinnern, dass die Bastelei viele Jugendliche vom Heimweh ablenkte, das die Trennung von den Eltern in der dunklen Winterzeit hervorrief.

Friedrich saß etwas abseits, im Schatten der Kerzen, die den Basteltisch erhellten. Er war acht Jahre alt, mit wachsbleichem Gesicht und traurigen Augen. Man musste ihn nicht fragen, man sah, wie es ihm ging. Ein Bogen Papier lag auf seinem Schoß, die Schere am Boden. Einer der Erzieher sah, in welcher Verfassung der Junge war.

„Na, Friedrich, möchtest du es nicht doch einmal versuchen?" Er deutete auf das Papier und hob die Schere auf.

Der Junge schüttelte den Kopf.

„Und wenn ich dir helfe?"

„Nein danke, Herr Wohlgemut. In mir ist keine Freude."

Der Erzieher nickte.

„Ich weiß, dass dieses Weihnachten für dich besonders schwer sein wird. Was kann ich denn für dich tun?"

Friedrich zuckte die Schultern.

Die anderen Jungen nahmen keine Notiz von den beiden. Sie werkelten eifrig vor sich hin, obgleich mancher von ihnen jetzt sicher lieber zu Hause gewesen wäre statt in der Bildungsanstalt. Aber Weihnachtsferien kannte man nicht. Und mancher der Jugendlichen kannte auch keine Heimat, sie waren Flüchtlinge.

Wohlgemut strich Friedrich über den blonden Haarschopf. Die Eltern des Jungen waren tot, auf der Flucht aus Mähren abgestürzt und in einer Felsspalte tödlich verunglückt. Wohin die Geschwister geraten waren, wusste man nicht.

Während Franz Wohlgemut noch die Worte sammelte, mit denen er Friedrich trösten konnte, stürzte einer der Mitarbeiter in den Raum. Er schwenkte ein Papier und kam auf die beiden zu. „Hier, Herr Wohlgemut, eine Freudenbotschaft!"

Der Erzieher griff nach dem Schriftstück. „Friedrich, Friedrich, dein Bruder Nikolaus lebt! Hier steht es schwarz auf weiß. Er ist von einer Familie aus eurem

Flüchtlingstreck mitgenommen worden. Jetzt hat man dich nach langer Suche gefunden."

Friedrich war sprachlos. Er konnte das Glück nicht fassen. „Lebt", stammelte er nur, „lebt!"

Zinzendorf war ein Mann des Gottvertrauens. Das kommt in vielen seiner Kirchenlieder zum Ausdruck. Dank und Zuversicht standen auch am Ende eines Jahres, wenn er vertrauensvoll in die Zukunft blickte:

„Nikolaus Ludwig, Graf und Herr von Zinzendorf, Pottendorf u.f. geboren 1700, ging im Jahr 1760 als ein Eroberer aus der Welt, desgleichen es wenige, und im verflossenen Jahrhundert keinen wie ihn gegeben. ..." So schrieb einst Johann Gottfried von Herder (1744 – 1803).

August Heinrich Hoffmann von Fallersleben nahm in seinem Gedicht „Das alte Jahr vergangen ist" Zinzendorfs Zielstreben noch einmal auf: „Denn vorwärts! Vorwärts! Nie zurück! Soll unsere Losung sein."

*Das alte Jahr vergangen ist*

*Das alte Jahr vergangen ist,*
*Das neue Jahr beginnt.*
*Wir danken Gott zu dieser Frist,*
*Wohl uns, dass wir noch sind!*
*Wir sehn auf's alte Jahr zurück,*

*Und haben neuen Mut:*
*Ein neues Jahr, ein neues Glück!*
*Die Zeit ist immer gut.*

*Ja, keine Zeit war jemals schlecht:*
*In jeder lebet fort*
*Gefühl für Wahrheit, Ehr' und Recht*
*Und für ein freies Wort.*
*Hinweg mit allem Weh und Ach!*
*Hinweg mit allem Leid!*
*Wir selbst sind Glück und Ungemach,*
*Wir selber sind die Zeit.*

*Und machen wir uns froh und gut,*
*Ist froh und gut die Zeit,*
*Und gibt uns Kraft und frohen Mut*
*Bei jedem neuen Leid.*
*Und was einmal die Zeit gebracht,*
*Das nimmt sie wieder hin –*
*Drum haben wir bei Tag und Nacht*
*Auch immer frohen Sinn.*

*Und weil die Zeit nur vorwärts will,*
*So schreiten vorwärts wir;*
*Die Zeit gebeut, nie stehn wir still,*
*Wir schreiten fort mit ihr.*
*Ein neues Jahr, ein neues Glück!*
*Wir ziehen froh hinein,*
***Denn vorwärts! vorwärts! nie zurück!***
*Soll unsre Losung sein.*

## Personen:

**Baratier, François** (1684 – 1750) war ein Feldprediger.

**Bayle, Pierre** (1647 – 1706) war ein französischer Schriftsteller und Philosoph.

**Bertot, Jacques** (1622 – 1681) war ein römisch-katholischer Mystiker, zunächst geistlicher Führer der Madame Guyon, dann wirkte er als Oberer eines Ursulinenkonvents in Caen und später als Beichtvater der Abtei Montmartre.

**Buttlar, Eva Margaretha von** (1670 – 1721) war eine mystisch-libertinistische Sektiererin, gab einer Gruppe unter dem Namen „Buttlarsche Rotte" Struktur.

**Callenberg, Clara von** (1675 – 1742) war eine pietistisch gesinnte Frau, bekannt mit der ehemaligen Eisenacher Hofdame Eva von Buttlar (1670 – 1721).

**Casimir, Graf zu Sayn-Wittgenstein-Berleburg** (1687 – 1741) war als Pietist ein großer Förderer der „Berleburger Bibel". Als toleranter Regent bot er verfolgten religiösen Personen Zuflucht.

**Comenius, Johannes Amos** (1592 – 1670) war ein mährischer Philosoph, Pädagoge und evangelischer Theologe sowie Bischof der Böhmischen Brüder.

**d'Aubigné, Françoise,** verheiratete Madame Scarron, ab 1688 Marquise de Maintenon, genannt Madame de Maintenon (1635 – 1719), gilt als letzte Mätresse Ludwigs XIV. von Frankreich, und war wohl ab 1683 in einer stets geheim gehaltenen morganatischen Ehe seine zweite Gemahlin.

**Drese, Adam** (1620 – 1701) war ein deutscher Kapellmeister und Komponist. Das bekannte Kirchenlied „Jesu, geh voran" von Nikolaus Ludwig Graf von Zinzendorf hat er vertont.

**Fallersleben, August Heinrich von** (1798 – 1874) war ein deutscher Hochschullehrer für Germanistik, Sammler und Herausgeber alter Schriften, er schrieb „Das Lied der Deutschen" sowie manche Kinderlieder.

**Fleischbein, Johann Friedrich von** (1700 – 1774) war Schüler und Übersetzer der Schriften des Quietisten Charles Hector de Saint George Marquis de Marsay

**Francke, August Hermann** (1663 – 1727), Begründer der Franckeschen Stiftungen, war ein deutscher evangelischer Theologe, Pfarrer und Autor von Kirchenliedern. Er gilt als Hauptvertreter des Halleschen Pietismus.

**Gersdorff (oder Gersdorf), Henriette Catharina Freifrau von** (1648 – 1726) war eine deutsche religiöse Lyrikerin. Sie förderte den Pietismus sowie die Herrnhuter Brüdergemeine und setzte sich für den Erhalt der sorbischen Sprache und Kultur ein.

**Gersdorf, Charlotte Justine** (1675 – 1763), war die Mutter von Nikolaus Ludwig von Zinzendorf.

**Guyon, Madame** (= Jeanne-Marie Bouvier de La Motte Guyon) (1648 – 1717) war eine bedeutende römisch-katholische Mystikerin.

**Haug, Johann Friedrich** (1680 – 1753) war ein separatistischer Mystiker.

**Heinrich III. von Sayn** (1185 – 1247) war Inhaber mehrerer Grafschaften und einer der mächtigsten Dynastien am Mittelrhein. Er war in den Ketzerprozess des Inquisitors Konrad von Marburg 1233 verwickelt.

**Heinrich XXIX. Reuß** (jüngere Linie) (1699 – 1747) ist Ururgroßvater von Königin Victoria von Großbritannien und ein Vorfahre von Königin Elisabeth II.

**Herder, Johann Gottfried von** (1744 – 1803) war ein deutscher Dichter, Übersetzer, Theologe sowie Geschichts- und Kultur-Philosoph der Weimarer Klassik.

**Jablonski, Daniel Ernst** (1660 – 1741) war ein böhmisch-polnisch-deutscher Theologe, der es zum Hofprediger in Berlin brachte und Senior (Bischof) des polnischen Zweiges der Brüder-Unität war. Außerdem war er Mitbegründer der Preußischen Akademie der Wissenschaften, die in Gottfried Wilhelm Leibniz ihren Ursprung hat.

Johanna Franziska Frémyot von Chantal (Jeanne Françoise Frémyot de Chantal) (1572 – 1641) war die Ehefrau von Christophe Rabutin de Chantal, geistliche Freundin des hl. Franz von Sales und Mitbegründerin der Schwestern von der Heimsuchung Mariens (Salesianerinnen), außerdem eine Heilige der katholischen Kirche.

Jung, Johann Heinrich (genannt Jung-Stilling; auch Heinrich Jung) (1740 – 1817) war ein deutscher Augenarzt, Staatsrechtler, Wirtschaftswissenschaftler und mystisch-spiritualistischer Schriftsteller.

Kaiserin Maria Theresia (1717 – 1780) war eine herausragende Herrschergestalt des Hauses Habsburg. Die kinderreiche Monarchin trat als zentrale Gegenspielerin Friedrich des Großen auf, dem sie im Österreichischen Erbfolgekrieg (1740 – 1748) und dem Siebenjährigen Krieg (1756 – 1763) gegenüberstand. Die zwar nicht als Kaiserin gekrönte Monarchin brachte bedeutende Reformen auf den Weg.

Karl VI. (1685 – 1740) war König und Kaiser des Heiligen Römischen Reiches, König von Böhmen, König von Ungarn und Kroatien, König von Neapel, König von Sardinien, König von Sizilien und Erzherzog von Österreich.

Landsberg, Mechthild von (1203 – 1291) war eine der bedeutenden Persönlichkeiten des Mittelalters und die Ehefrau von Heinrich III. von Sayn. Sie veranlasste mehrere kirchliche Stiftungen.

**Leibniz, Gottfried Wilhelm** (1646 – 1716) war Philosoph, Mathematiker, Jurist, Historiker und politischer Berater der frühen Aufklärung.

**Marburg, Konrad von** (um 1185 – 1233) war ein gelehrter Prämonstratenser, Beichtvater von Elisabeth von Thüringen, Kreuzzugprediger, Inquisitor und grausamer Verfolger der Ketzer.

**Moritz, Karl Philipp** (1756 – 1793) war ein Schriftsteller der Sturm-und-Drang-Zeit mit Impulsen für die Berliner Aufklärung, die Berliner und Weimarer Klassik und Frühromantik. Er war Hutmacher, Schauspieler, Hofmeister, Lehrer, Redakteur, Spätaufklärer, Philosoph und Kunsthistoriker.

**Reuß zu Ebersdorf, Benigna Marie von** (1695 – 1751) war Gräfin Reuß von Lobenstein aus der Linie Ebersdorf und eine deutsche Kirchenlieddichterin.

**Saint George, Marquis de Marsay Charles Hector de** (1688 – 1753) war französischer Offizier, Uhrmacher, Quietist, radikaler Pietist, Übersetzer und Schriftsteller.

**Sales, Franz von** (französisch François de Sales) (1567 – 1622) war Bischof von Genf mit Sitz in Annecy. Als Ordensgründer, Mystiker und Kirchenlehrer machte er sich einen Namen. Er war ein Heiliger der römisch-katholischen Kirche, Patron der Schriftsteller, Journalisten, der Gehörlosen und der Städte Genf, Annecy und Chambéry.

**Spener, Philipp Jacob** (1635 – 1705) war ein deutscher lutherischer Theologe und einer der bekanntesten Vertreter des Pietismus. Daneben gilt er als der bedeutendste Genealoge des 17. Jahrhunderts und als der Begründer der wissenschaftlichen Heraldik. 1663 Prediger am Straßburger Münster, wurde er 1666 Senior des lutherischen Predigerministeriums in der freien Reichsstadt Frankfurt und 1686 kursächsischer Oberhofprediger in Dresden. Von 1691 wirkte er als Propst und Konsistorialrat an der Nikolaikirche in Berlin. 1694 war er an der Gründung der Reformuniversität Halle an der Saale beteiligt, wo sein Schüler August Hermann Francke eine herausragende Rolle spielte.

**Tauler, Johannes** (auch Johan Tauweler, Johann Tauler) (um 1300 – 1361) war Dominikanermönch, Theologe, Mystiker und vor allem ein in Straßburg, Basel und Köln wirkender Prediger.

**Tersteegen, Gerhard** (1697 – 1769) war ein Laienprediger und Schriftsteller. Er trat sich auch als Kirchenlieddichter und Mystiker des reformierten Pietismus am Niederrhein hervor.

**Ziegenbalg, Bartholomäus** (1682 – 1719) war ab 1706 der erste deutsche evangelische Missionar in Indien.

**Zinzendorf, Georg Ludwig Reichsgraf von** (1662 – 1700), Vater von Nikolaus Ludwig Graf von, war ein kaiserlicher Staatsmann.

Literatur:

Karl Strack: Aus dem deutschen Frauenleben, 1874. Herausgeber: Kessinger Publishing

Georg Brückner: Erdmuthe Dorothea in „Allgemeine Deutsche Biographie 6" (1877)

Anita Winkler: „Die Idee der Toleranz"

Ev. Hochschule Tabor, Marburg: „Nikolaus Ludwig von Zinzendorf (1700-1760)"

Nachrichten aus der Brüdergemeine, Schwesternhaus-archiv, Personalia und Briefe von Anna N.

Lucinda Martin: „Anna Nitschmann, Priesterin, Gene-ralälteste, Jüngerin der weltweiten Brüdergemeine."

Guntram Philipp: „Nikolaus Ludwig Graf von Zinzen-dorf", Beitrag in Wikipedia

Interview mit der Journalistin Maren Keller am 24. Dezember 2021 im „Spiegel" mit Prof. Dr. Christian Hesse

Beiträge aus Wikipedia

# Neue Sandalen zu Weihnachten?

## *2 Mal Jesu Geburt und was danach geschah*

von Cover: Claus Schrag; Text: Hermann Multhaupt

**Zum Buch**: Weihnachten einmal anders. Im Kern geht es natürlich um die Geburt Jesu in Bethlehem. Aber die Umstände, die dazu geführt haben, werden hier aus unterschiedlichen Perspektiven beleuchtet. Vor allem, warum konnte Jesus nicht bei Marias Eltern in Jerusalem oder bei ihrer Kusine Elisabeth zur Welt kommen, die sie doch einige Monate zuvor noch besucht hatte? Warum ausgerechnet in einem Stall? Fragen, auf die die Bibel keine direkte Antwort gibt und mit Weissagungen zu erklären versucht, die man aber literarisch durchaus einmal weiterspinnen darf. Und zudem: Jesus war ein jüdisches Kind. Wie wuchs er mit Gleichaltrigen in seiner Religion auf, bevor er seine eigenen Wege ging und zum Heil für die Menschheit wurde?

*Taschenbuch * 164 Seiten * 15 €*
*ISBN 978-3-95544-150-0*

# Ein Stück Himmel in Knock

## *Die Mutter Gottes erschien in einer irischen Regennacht*

von Hermann Multhaupt

**Zum Buch:** Als der Freiheitsdrang der von England unterdrückten Iren sich wieder einmal formierte und sich in Aufständen Luft verschaffte, als große irische Staatsmänner versuchten, die Knebelverträge der Engländer zu lockern, erschien an der Südgiebelwand des kleinen Gotteshauses in Knock, einem kleinen unscheinbaren Dorf in der Grafschaft Mayo, die Gottesmutter, begleitet vom heiligen Josef und dem Apostel und Evangelisten Johannes.

Fünfzehn Personen jeden Alters haben die Erscheinung an einem regnerischen Augustabend 1879 gesehen und ein einheitliches und glaubwürdiges Zeugnis abgelegt. Kritiker haben versucht, die Vision als Halluzination einer hungernden und ausgezehrten Gruppe Dorfbewohner darzustellen, doch die sich anschließenden Krankenheilungen belegen das Gegenteil.

Knock ist inzwischen der drittgrößte Marienwallfahrtsort Europas, doch in Deutschland nur wenig bekannt. Das Buch schildert die Lebensumstände und die soziale Not der damaligen Zeit, lässt aber auch den Geister- und Feenglauben als Bestandteil traditioneller Überlieferungen lebendig werden.

*Taschenbuch * 272 Seiten * 16,50 €*
*ISBN 978-3-95544-141-8*

61

## Die Passion und der Prozess Jesu

von Hermann Multhaupt

 **Zum Buch**: Die Frage, warum Jesus auf Golgatha den Kreuzestod erleiden musste, wird immer wieder unterschiedlich diskutiert. Gab er sein Leben, um die sündige Menschheit mit dem himmlischen Vater zu versöhnen, oder war er das Opfer der Justiz, die in ihm einen Aufrührer, einen Rebell und politischen Gegner der römischen Besatzung sah? Welche Rolle spielte der Sanhedrin oder Hohe Rat, für lange Zeit die oberste jüdische religiöse und politische Instanz und gleichzeitig das oberste Gericht? Und welche zwielichtige Gestalt war Pontius Pilatus, der von 26 bis 36 Präfekt des römischen Kaisers Tiberius in der Provinz Judäa war? Dieses Buch beleuchtet die letzte Lebensphase Jesu und lässt Leserinnen und Leser Zeuge eines umstrittenen Schauprozesses werden.

*Taschenbuch * 312 Seiten * 18 €*
*ISBN 978-3-95544-155-5*

# Fische waren Flussgemüse

## *Kurioses und Menschliches aus Klöstern und ihrer Geschichte*

von Hermann Multhaupt

**Zum Buch**: Klöster sind Anlagen, in denen Menschen um ihres Glaubens Willen in Gemeinschaften zusammenleben, sich kontemplativ ganz auf Gott ausrichten, oder aber in seinem Sinn und dem Beispiel Christi folgend sich der leiblichen und seelischen Nöte der Menschen annehmen. Je nach Intention ihrer Gründer und Stifter wurden die Klöster zum Mittelpunkt von Bildung und Wissen. Die Regeln für das Zusammenleben waren einst jedoch streng und mehrdeutig. Wie sah der Tagesrhythmus aus? Welche Gebetszeiten mussten eingehalten werden? Was kam in den Klöstern auf den Tisch? Welche Tischsitten erforderten unbedingt genaueste Beachtung? Wie es in manchen Konventen zuweilen merkwürdig und kurios zuging, dass es „menschelte" und manche Gebote neu ausgelegt und umgedeutet wurden, davon erzählt dieses Buch.

*Taschenbuch * 214 Seiten * 15 €*
*ISBN 978-3-95544-160-9*

**Multhaupt, Hermann,** geb. 7. April 1937 in Beverungen. Journalist in Karlsruhe, Offenburg, Mannheim und in der bayrischen Oberpfalz sowie in Baden-Baden. Von 1979 bis 2000 Chefredakteur der Kirchenzeitung „Der Dom". Multhaupt gilt mit dem ev. Pfarrer Manfred Wester als Wiederentdecker irischer Segenswünsche, von denen er zahlreiche Bände herausgab. Die Auflagen haben die 500.000-Grenze überschritten. Dafür erhielt er ein Dankschreiben der irischen Präsidentin Marie Mac Aleese. Ebenso dankte Dr. Josef Schuster vom Zentralrat der Juden für eine Erzählreihe über jüdische Schicksale. 1981 bekam er den Journalistenpreis der Deutschen Bischofskonferenz. Inzwischen hat er mehr als 80 Bücher geschrieben oder herausgegeben.